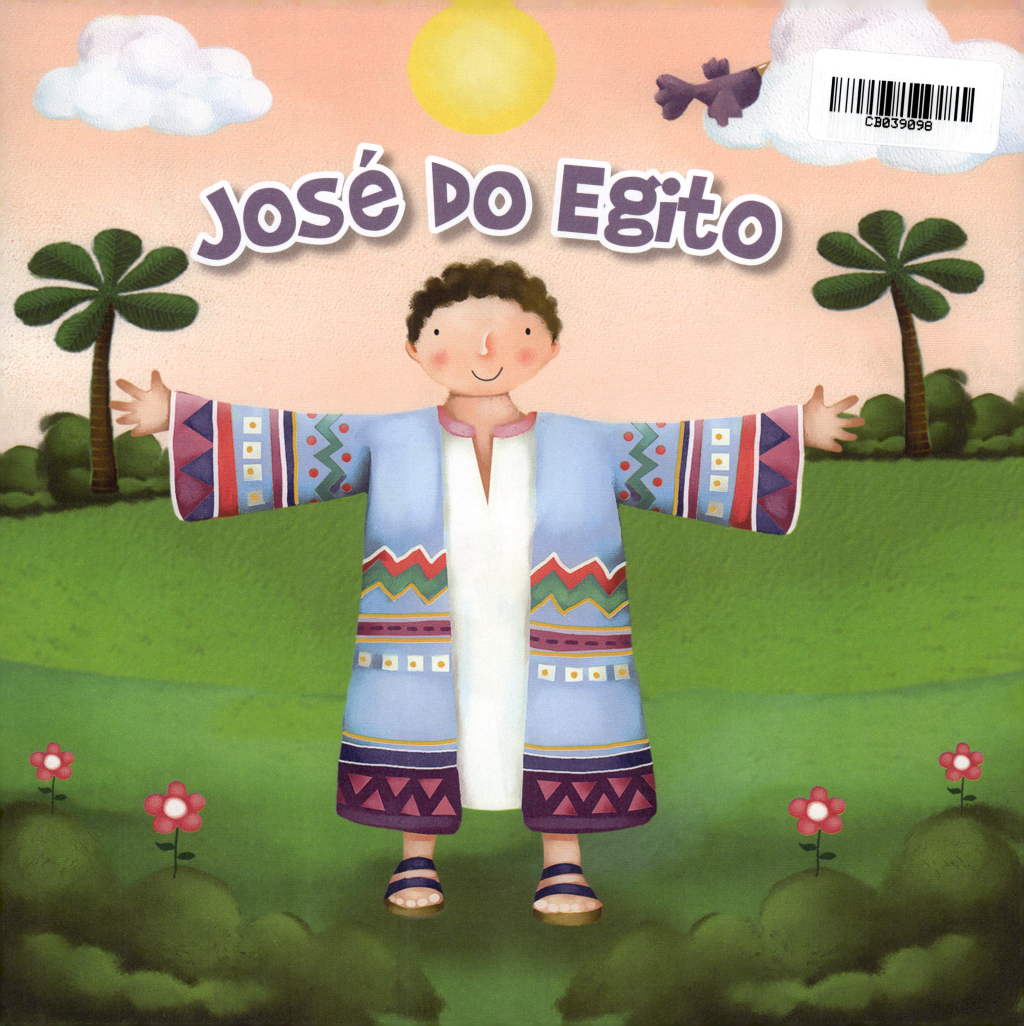

A leitura é um gesto de afeto,
que aproxima adultos e crianças. Para que
esse momento seja ainda mais divertido,
damos algumas dicas:

• Leia a história várias vezes e descubra tudo
sobre ela; pense nos personagens e nas imagens
que ela traz à sua mente.

• O gestual é muito importante para a história, é a extensão da
palavra falada. O corpo deve falar ao mesmo tempo que a voz.

• O tom, o timbre, a amplitude e o ritmo da voz abrem espaço
na imaginação do ouvinte. Variar o tom, quebrar o ritmo, dar
voz ao silêncio, tudo isso ajuda a dar vida para a narrativa.

• Acredite sempre no que você estiver contando.
Se o contador não acredita no que diz,
dificilmente seu público vai acreditar.

BOA LEITURA!

JOSÉ ERA O FILHO PREFERIDO DE JACÓ. UM DIA, JOSÉ GANHOU UMA **TÚNICA COLORIDA** DO PAI, E A USAVA SEMPRE. ELE TAMBÉM HAVIA RECEBIDO DE DEUS O DOM DE **INTERPRETAR** OS SONHOS DAS PESSOAS.

Certo dia, cheios de inveja, os **IRMÃOS** de José tomaram a túnica colorida dele e o **VENDERAM** para mercadores do Egito. Depois, disseram a **JACÓ** que José havia **MORRIDO**.

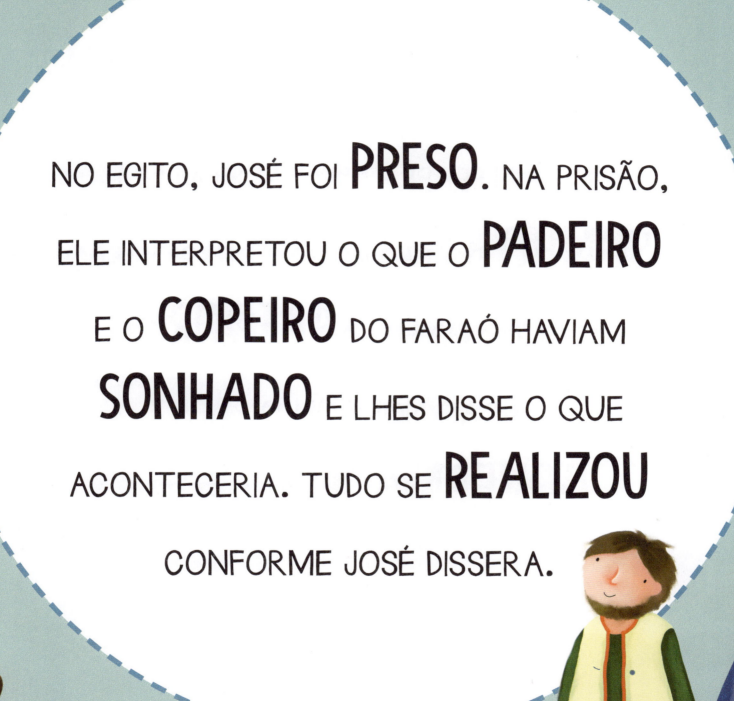

NO EGITO, JOSÉ FOI **PRESO**. NA PRISÃO, ELE INTERPRETOU O QUE O **PADEIRO** E O **COPEIRO** DO FARAÓ HAVIAM **SONHADO** E LHES DISSE O QUE ACONTECERIA. TUDO SE **REALIZOU** CONFORME JOSÉ DISSERA.

JOSÉ INTERPRETOU TAMBÉM UM **SONHO** DO FARAÓ. IMPRESSIONADO COM TAMANHA **SABEDORIA**, O FARAÓ NOMEOU O RAPAZ **GOVERNADOR** DO EGITO.

COM ESSE NOVO CARGO, **JOSÉ** PÔDE REENCONTRAR SUA **FAMÍLIA**. ELE **PERDOOU** SEUS IRMÃOS PELO QUE TINHAM FEITO E SE ALEGROU AO REVER SEU AMADO **PAI**.